El Paradigma de Ob a tu Alcance

Mariano Pagés

Tabla de contenidos

Introducción

Si tu objetivo es comprender qué es el paradigma de objetos, cuáles son sus ideas y fundamentos, éste es tu libro. En cambio, si deseas aprender metodologías de análisis y diseño orientado a objetos o aprender a fondo un buen lenguaje de programación, aquí no encontrarás esos temas, sin embargo, antes deberías leerlo de todos modos.

Si llegaste aquí, puede ser que estés interesado en el universo de la programación, o quizás ya te hayas involucrado con él, estudiando formalmente o siendo autodidacta. Quizás hayas incluso programado en algunos lenguajes.

Hoy la oferta de lenguajes de programación es altísima. Existen, sin embargo, un conjunto bastante acotado de lenguajes que podría llamar "taquilleros", que tienen un nivel de aceptación y popularidad muy altos. Sin embargo, esta fama puede durar poco tiempo, por lo que invertir tiempo en aprenderlos al detalle puede no ser la mejor manera de usar tu tiempo.

En mi libro "Algoritmos a tu alcance", me refería a la dificultad de encontrar textos que enseñen a resolver problemas, independientemente de los lenguajes de programación. Cuando aprendemos a programar, el núcleo del asunto es justamente, aprender a resolver problemas.

Con el paradigma de Objetos pasa algo similar. Existen muchos y muy buenos libros que enseñan a programar usando algún lenguaje en particular, pero el núcleo de este problema se encuentra justamente en comprender qué es la programación orientada a objetos y, de ese modo a través de unos pocos conceptos, lograr capturar la esencia de estos lenguajes y de la forma de pensar que subyace detrás de ellos. Estos conceptos se encuentran definidos en el conjunto de ideas contenidas en el paradigma de objetos.

Si dividimos el mundo de la ingeniería en conceptos por un lado y herramientas por el otro, lo que vas a encontrar en este libro es lo primero. Ahora bien, intentar usar las herramientas sin comprender acabadamente el conjunto de ideas que motivaron su construcción, puede hacer más difícil el camino.

Por ejemplo, para la mayoría de las personas resulta más fácil manejar un automóvil con caja manual si comprendemos los fundamentos de su funcionamiento. Para qué está la caja de cambios, qué es el embrague, cómo actúan los frenos, son conceptos generales y esenciales. Una vez comprendidos, al subirnos a un auto, aunque no lo hayamos manejado nunca, sabremos cómo hacerlo, al menos en teoría. Sabremos por ejemplo que no podemos detenerlo sin pisar el embrague o ponerlo en punto muerto. No sólo sabremos que debemos hacer eso, sino que también sabremos el por qué. Después cada automóvil tendrá sus particularidades según su equipamiento, como por ejemplo un control de velocidad de crucero. De todos modos, comprendiendo la esencia del funcionamiento general del vehículo, podemos imaginar cómo funciona y así usarlo de manera más eficiente.

Volviendo a la programación orientada a objetos, aquí encontrarás esos fundamentos, que te permitirán comprender mejor de qué manera los implementa cada lenguaje.

Cuando sea necesario incorporar algún ejemplo, usaré un lenguaje sin rigor sintáctico basado en Smalltalk, ya que es uno de los que mejor interpreta la esencia de la programación orientada a objetos.

Hablando de mi experiencia en particular, tuve el primer contacto con Smalltalk en el año 1988, cursando el último año de carrera universitaria. En aquellos años los trabajos prácticos se resolvían usando Pascal, un lenguaje muy bueno para aprender programación estructurada. Sin embargo, por alguna razón que no recuerdo, cayó a mis manos un diskette de Smalltalk V, que me llevó al mundo de los objetos, y me cautivó hace ya más de treinta años.

En todos estos años aparecieron muchos lenguajes orientados a objetos. Algunos incluso ya desaparecieron. La forma en que las ideas del paradigma son interpretadas varían de unos a otros. Sin embargo, éstas permanecen inalterables, y es mi interés que las conozcas a través de estas páginas.

Es mi deseo también, que la manera de pensar que está por detrás de esta forma de programar te cautive tanto como a mí, o al menos te ayude a comprenderla, poniendo este conjunto de ideas, a tu alcance.

¿Qué son los objetos?

Está claro que cuando analizamos la verdad observable y aparente encontramos innumerables objetos, y esto podemos afirmarlo sin tener una definición formal de lo que es un objeto, ya que todos tenemos una idea de lo que es. Veremos enseguida, que cuando intentemos darle una definición, aparecerán aún más objetos frente a nuestros ojos y pensamientos.

Intentar definir qué es un objeto no es tan fácil como parece. Intenta, por ejemplo, definir qué es una "cosa" sin usar la palabra "cosa". ¿Nada fácil, no?

Sin acudir al diccionario, intentaré definir lo más claramente posible, qué es un objeto cuando pensamos en programación orientada a objetos.

"Un objeto es cualquier entidad observable que tenga existencia física o imaginaria, que cuenta con un conjunto de atributos o características relevantes, y tiene un comportamiento determinado dentro de una realidad acotada."

En definitiva, podemos afirmar en forma resumida que absolutamente todo aquello que podamos percibir, son objetos. Sin embargo debemos analizar cada parte de la

definición para las ideas se desprenden de
ella.

Cuando hablamos de "existencia física o
imaginaria", seguramente agregamos a la
idea de objeto que pudimos haber tenido de
niños, cosas que no son tangibles. Por
ejemplo, una cuenta bancaria podría ser un
objeto en cierto contexto, sin embargo, no
tiene una existencia física. No podemos
meterla en una caja de cartón y envolverla
para regalo. Tampoco podemos ir al banco y
pedir nuestra cuenta porque nos la queremos
llevar a casa. Sin embargo, existe.

Si bien hablamos y asumimos que hay entre
nosotros objetos con existencia física,
como podría ser un electrodoméstico o una
persona, si nos ponemos extremos, todos los
objetos en realidad tienen una existencia
imaginaria. Por más real que parezca un
objeto, siempre observamos una idea que nos
hacemos de él. Cuando tenemos un
electrodoméstico delante de nuestros ojos
seguramente nos enfocaremos en algunas
características relevantes y a una parte de
su comportamiento. Lo mismo pasa con las
personas, donde claramente esto es mucho
más evidente. Si bien podemos pensar que
somos objetos en un sentido amplio, siempre
observamos una parte de nuestra propia
realidad. Imagina que eres un objeto y
trata de definir **todas** tus características
y tu comportamiento, o sea, todos los

atributos que puedes encontrar comenzando quizás por tu color de ojos, altura, peso, tamaño de tus orejas, hasta las que no pueden observarse, como tu número de documento, antecedentes académicos, enfermedades que tuviste, y un sinfín de etcéteras. Cuando hablamos del comportamiento, intenta incluir todo aquello que sabes hacer, bien o mal. Desde hablar hasta resolver crucigramas. Seguramente si haces el ejercicio completo, resultará interminable.

En consecuencia, cuando observamos un objeto, sólo nos interesa una parte, la que es relevante al problema que queremos resolver, por lo tanto, hacemos una abstracción del objeto, filtrando todo aquello que no nos interesa. Por lo tanto, si bien el objeto puede existir físicamente, lo que nos interesa realmente es una parte, una abstracción que nosotros mismos construimos.

Si pensamos en el objeto "alumno" que, si bien es una persona, quizás nos interesen algunos atributos como su domicilio, número de documento, carrera que cursa, notas de exámenes y otros pocos más. Y las acciones que un alumno puede realizar dentro de este contexto pueden ser, quizás, inscribirse en carreras, en materias, rendir exámenes, solicitar ciertos certificados, hacer determinados trámites. Si bien no podemos negar que el alumno es una persona, no nos interesa saber absolutamente todo, sólo lo que resulta necesario para el asunto que queremos modelar para resolver un problema. No importa en este sentido su color de ojos ni su peso, tampoco si es buen cocinero o si tiende su cama cada mañana. Esas características pueden resultar relevantes en otro contexto.

Incluso sin pensar en objetos derivados de realidades tan complejas, podemos ver que una cuenta bancaria para el sistema del banco tiene cierta complejidad. Al banco le interesará saber cada movimiento que se hizo en la cuenta, además de una cantidad de datos sobre su cliente. Sin embargo, dentro de otro contexto, quizás sólo sea relevante conocer el número de cuenta y el nombre del titular. Es la misma cuenta, distintos contextos, distintos objetos.

Así es como ahora llegamos a la última parte de la definición: la "realidad acotada". Siempre que buscamos objetos dentro de un problema, lo hacemos pensando en dicho problema, lo que le pone límites a la realidad. Por lo tanto, siempre los objetos estarán formados por aquellas partes que sean relevantes dentro de cada problema. Algo que nos parece que es una sola cosa, puede representar distintos objetos en diferentes contextos.

En un sentido amplio, todos son objetos, todos somos objetos en algún contexto, y no siempre somos el mismo objeto.

El Paradigma de Objetos

Ha llegado la hora de definir qué podemos entender por "paradigma" y en particular cómo asociamos a esta palabra con los objetos.

Según la RAE, la palabra paradigma representa un ejemplo o modelo de algo.

Así parece simple, pero este concepto engloba un conjunto de ideas que vale la pena analizar.

Los paradigmas son útiles, porque dicen mucho con poco. Incluyen muchas ideas que podemos hasta tratar de prejuicios, en el buen sentido de la palabra, sobre alguna cosa. Por ejemplo, si decimos que una persona es un paradigma del orden, nos podemos imaginar una serie de características de esa persona, aún sin haberlas observado. Podríamos pensar que su cuarto está ordenado, que le resulta fácil encontrar sus cosas, que lleva una agenda cuidada y hasta que es puntual en sus citas. Si decimos que un país representa el paradigma de la modernidad, podemos imaginar muchas cosas también, sin haberlo visitado. Por ejemplo, podemos casi asegurar que tendrá buenos servicios públicos, que el estado será altamente eficiente, que encontraremos tecnología al servicio del ciudadano. Todas estas suposiciones, y otras más, nos surgirán sólo a partir de un breve enunciado.

El usar paradigmas nos proporciona, entonces, un gran poder de síntesis. Aplicado en otros contextos, si te pido que construyas una silla, seguramente apelarás, sin darte cuenta, a la parte de la definición de "paradigma" de la RAE donde habla de modelos. Sin pensar en ninguna silla en particular, sabrás que deberá tener algo parecido a patas, un lugar donde sentarse y otro donde apoyar la espalda. Sólo con decir silla se dicen muchas cosas.

Y ¿qué tiene esto que ver con programación? Bien, resulta que podemos clasificar a los lenguajes según su adhesión a distintos paradigmas, o conjunto de ideas que determinan sus características esenciales. Quizás ya hayas usado algún lenguaje de programación estructurada. En ellos podemos encontrar procedimientos, funciones, comprender el concepto de modularidad efectiva, otros conceptos como independencia funcional, cohesión, acoplamiento, y también sabemos que para resolver un problema debemos descomponerlo en sub-problemas que probablemente se transformen en uno o más sub-programas. Todo esto, sólo con decir que un lenguaje es estructurado.

En cambio, si estamos delante de otro lenguaje y nos dicen que adhiere al paradigma de programación funcional, sabremos qué podemos esperar de él. Seguramente al problema lo deberemos interpretar a través de un conjunto de funciones, funciones compuestas de otras funciones, y sólo tendremos que estudiar de qué manera esas ideas se implementan en dicho lenguaje.

Esto tiene un poder asombroso, porque conociendo las ideas detrás de cada paradigma, podemos saber mucho acerca del lenguaje sin siquiera haberlo estudiado en profundidad.

Desde hace más de cuatro décadas, la programación orientada a objetos ha aumentado enormemente su popularidad. Ha llegado el momento, entonces, de identificar esas ideas que están detrás de tan popular y poderoso paradigma, e intentaremos descifrar la razón de su éxito.

Para el paradigma de programación orientada a objetos, un problema está compuesto, y se resuelve a partir de un conjunto de objetos que colaboran entre sí.

Esta idea no sólo resulta simple, sino que, al menos para mí, me resulta absolutamente natural.

Cuando una persona observa la realidad, un determinado problema que debe comprender, podemos plantearle al menos estas tres opciones: pedirle que identifique procedimientos y funciones con un pensamiento estructurado, que identifique funciones y sus composiciones, o que determine qué objetos participan en dicho problema.

Sin dudas me quedo con la última. Asumo que es mayor la cantidad de personas que andan por la vida observando objetos, que las que ven sub-programas o funciones mientras realizan sus actividades cotidianas. Tan simple como asomarse por la ventana y describir lo que observamos.

El fundamento principal del paradigma de objetos es que representa una forma de pensar que nos resulta más natural. Por ello seguramente es que su difusión aumenta con respecto a otros paradigmas. Seguramente por ahí debamos buscar el fundamento de su éxito y su proliferación en tantos lenguajes y metodologías.

En la historia de algunos lenguajes vemos este recorrido. Por ejemplo, el lenguaje C nace como un lenguaje imperativo y estructurado. Luego evoluciona hacia C++ donde incorpora conceptos de la programación orientada a objetos.

Igualmente quiero aclarar que lo que he visto en estos años, es la "transformación" de muchos lenguajes, que terminan siendo en algún sentido híbridos, o multi-paradigma.

Mi intención en este libro, es la de mostrar la teoría de objetos de la forma más esencial, desde sus fundamentos. El objetivo es que comprendiendo lo mejor posible las ideas en las que se basa el paradigma de objetos, puedas imaginar aquellas cosas que un lenguaje de programación que adhiera al paradigma deba contener.

Otro objetivo es el de mostrar, en un nivel básico, cómo podemos imaginar una solución a un problema usando objetos. Existen metodologías formales que permiten construir modelos y documentarlos. Estas metodologías se basan en lo que nosotros podamos observar. Aquí pretendo mostrarte cómo debemos observar un problema para poder, eventualmente, aplicar aquellas metodologías.

Dicho de otra manera, para resolver un problema primero hay que comprenderlo. Si no lo entendemos no existirá metodología que nos lleve a un buen resultado. Veremos cómo comprenderlo, simplemente pensando en objetos.

¿Qué hay dentro del paradigma de objetos?

En este apartado, veremos los pocos conceptos que se encuentran dentro de este paradigma. Comprendiéndolos conoceremos las principales características de los lenguajes orientados a objetos.

Casi sin querer, durante este recorrido veremos cómo podremos observar la realidad pensando en objetos y de ese modo construir modelos de soluciones a algunos problemas. Sin necesidad de entrar en detalles metodológicos, en forma intuitiva, construiremos algunos modelos que permitirán resolver problemas pensando en objetos.

La repetición de las palabras "pensando en objetos" es absolutamente intencional. Más que nada, cuando venimos de otros paradigmas, tenemos que abrir la mente, desaprender la forma que teníamos de ver la realidad, y acomodarnos a la idea que por todas partes hay objetos interactuando entre sí. De esta forma, todo será más simple.

A continuación veremos los conceptos esenciales que debemos conocer, a modo de definiciones y pequeños ejemplos, que ilustren las ideas.

Objeto

Esto parece un déjà vu, pero no lo es. Hace unas páginas atrás, me vi obligado a definir el concepto de objeto de una manera simple, casi superficial. Debí hacerlo para poder describir el paradigma que en ellos se basa.

Para evitar que vuelvas unas páginas atrás, voy a transcribir aquí la definición.

"Un objeto es cualquier entidad observable que tenga existencia física o imaginaria, que cuenta con un conjunto de atributos o características relevantes, y tiene un comportamiento determinado dentro de una realidad acotada."

En este punto estamos en condiciones de describir con mayor detalle de qué están hechos los objetos, en un sentido ideal, y para ello vamos a comenzar con un ejemplo.

Supongamos que un banco ofrece a sus clientes dos tipos de cuentas. Aquí voy a describir la realidad observable de este banco en particular. Puede ser que conozcas otros con diferentes características, pero a modo de ejemplo simplificado, esta realidad particular será como a continuación se describe. Entonces, el banco ofrece las típicas cajas de ahorro y las cuentas corrientes. Una caja de ahorro se usa, por ejemplo, para depositar dinero y usarlo a través de una tarjeta, con la que se pueden realizar compras usando el dinero depositado. Este dinero generará un interés que se liquidará mensualmente. Aparte se pueden hacer otras operaciones como extracciones, transferencias, débitos automáticos, y consultas, tanto de saldos como de últimos movimientos. Las cuentas corrientes, sin embargo, tienen la posibilidad de usar dinero que no está disponible en la cuenta, y por el uso del cual nos cobrará un interés, a modo de préstamo. Por otra parte no nos pagará intereses por el dinero depositado. Además, se pueden emitir cheques a terceros. Los depósitos, extracciones, consultas y transferencias, también están permitidos. Ambos tipos de cuenta tienen sus datos: Número de cuenta, datos del titular como documento, nombre domicilio, las cuentas corrientes necesitan además datos sobre su perfil crediticio, a fin de otorgarle en acuerdo un monto de dinero que puede usar sin tenerlo. También cada cuenta almacenará un saldo y datos de los movimientos realizados durante toda su existencia.

Hasta aquí la descripción de la realidad. Claramente podemos distinguir dos tipos de objetos: caja de ahorro y cuenta corriente. Los más sagaces, podrán además observar que existen, al menos, un cliente y un banco, pero de ello hablaremos más adelante. Por ahora concentrémonos en las cuentas.

Claramente cada objeto tiene asociados un conjunto de datos y de acciones.

Del ejemplo planteado, por ahora nos centremos el análisis en la caja de ahorro. Podemos observar que tiene como datos un saldo, un cliente, movimientos, y en ella se pueden hacer acciones tales como depositar, extraer, comprar, transferir y consultar.

Los datos los llamaremos "atributos", y las acciones diremos que estarán implementadas a través de "métodos".

Cada atributo de un objeto será entonces otro objeto, que contiene información relevante, dentro del contexto del problema a resolver.

Cada método de un objeto estará formado por instrucciones escritas en algún lenguaje orientado a objetos que realice la acción deseada.

Para que un objeto pueda realizar una tarea debe ejecutar uno de sus métodos. Esto es posible únicamente, si el objeto recibe un "mensaje".

En resumen, un objeto tiene atributos y métodos. Los atributos definen las características que tiene el objeto que son relevantes dentro del problema, y los métodos todas aquellas acciones que el objeto tiene permitido realizar dentro del mismo contexto. La única manera de hacer que un objeto haga algo, es a través del envío de un mensaje que activará la ejecución de un método.

Supongamos que tenemos una caja de ahorro, que llamaremos A. Sobre ella queremos realizar una extracción de dinero de una cantidad X de pesos. Para realizar esta tarea podremos escribir algo parecido a esto:

A extraer X.

Esto no es más que un mensaje que interpretaremos de la siguiente manera: el objeto A, recibe el mensaje "extraer" con el argumento X. Siendo A un objeto "caja de ahorro", deberá tener implementado un método "extraer". Dentro de ese método pueden ocurrir cosas como por ejemplo determinar si el valor de X es menor o igual que el saldo (que es uno de los atributos del objeto A). En caso afirmativo se procederá a la extracción y actualización del saldo. De otro modo, deberá informarse que la operación no puede realizarse.

En resumen, resulta entonces que los objetos tienen asociados varios elementos, algunos de los cuales ya fueron presentados, pero no formalmente, y otros presentaré a continuación.

Atributo

Un atributo es una cualidad de un objeto, que resulta relevante para el problema que deseamos resolver.

Método

Un método es una acción que realiza un objeto. Es la parte algorítmica del objeto.

Mensaje

Un mensaje es la forma en que un objeto puede realizar una acción. Un mensaje activa un método, si éste es reconocido. En caso contrario el objeto no hará nada, o avisará que no puede hacer tal cosa. También podemos decir que es la forma en que los objetos interactúan entre sí.

Encapsulamiento

Un objeto es como una cápsula opaca que alberga sus atributos y métodos e impide que otros puedan modificar su contenido. Sólo puede hacerse a través de su interfaz pública, que está determinada por aquellos mensajes que es capaz de responder.

Ocultamiento de la información

Es un concepto relacionado con el anterior. Los atributos son privados del objeto, y están ocultos al exterior de él. Sólo pueden ser accederse desde el interior del objeto. Para asignar un valor a un atributo o modificarlo, sólo se puede hacer a través de un método que esté definido dentro de él mismo. Por lo tanto, sólo puedo acceder a ellos a través del envío de mensajes, si es que existen métodos que lo permitan.

Clase

Otro concepto de la teoría de objetos que debemos definir es el de "clase".

Cuando observamos la realidad, percibimos un conjunto de objetos individuales. Por ejemplo, si entramos a una universidad podemos observar alumnos, profesores, y otras personas realizando distintas actividades. Si bien vemos objetos individuales, bajo ciertas circunstancias podemos interpretar que muchos de ellos tienen algo en común. También podemos imaginar cosas que no se ven, como por ejemplo el hecho que cada alumno pertenece al menos a una carrera, y que en esa carrera hay varias materias, y dentro de ese ambiente pasan cosas, muchas cosas. Los alumnos rinden exámenes, los profesores integran tribunales, algunos terminan sus carreras y se reciben, otros almuerzan en el comedor universitario, algunos perciben becas, otros juegan a las cartas en algún tiempo libre. Todo esto simplemente observando acciones, si pensamos en atributos, la cantidad puede ser infinita.

Esto nos dice que la realidad es muy compleja, pero afortunadamente no necesitamos modelar todo lo que sucede. Debemos concentrarnos solamente en el problema a resolver. Entonces aplicamos un "filtro" y observamos solamente aquello que es relevante para nuestro objetivo.

Si el problema pasa por la necesidad de registrar el estado académico de cada alumno, y las acciones que cada uno de ellos hace dentro de ese ámbito, inmediatamente los profesores desaparecen de escena. También lo hacen el comedor universitario y el juego de cartas, entre otras cosas. Solamente nos concentraremos en los alumnos, que tendrán una identificación, un nombre, un registro de las carreras en la que están inscriptos, las materias que cursan, los exámenes, que rindieron, y las acciones que pueden realizar, como inscribirse en carreras, darse de baja, rendir exámenes, y quizás unas pocas cosas más. De este modo, la realidad se torna más simple, y podemos observar en este contexto que todos los alumnos son "iguales". ¿En qué sentido? En el sentido que de todos ellos nos interesa conocer las mismas cosas y ellos pueden realizar únicamente unas pocas acciones, dentro del contexto del problema a modelar.

De este modo vemos que, si bien existen muchos objetos "alumno", en cierta forma son todos iguales. Tienen las mismas características o atributos, y son capaces de realizar las mismas acciones. Solamente se diferencian unos de otros en su identidad, y en los valores que pueden tomar sus atributos.

Los objetos "alumno", entonces son similares, y dentro de ese parecido que tienen entre sí, sólo pueden variar los valores de sus atributos, pero nunca debería variar la cantidad ni la semántica de ellos, ni las acciones que cada objeto similar puede realizar.

Digresión: Supongamos la extraña situación en la que existen dos gemelos idénticos, que se llaman igual por picardía de sus padres, y que por error se les asignó el mismo DNI, que cursan la misma carrera, rinden las mismas materias y obtienen las mismas notas. ¿Son ambos el mismo objeto? Podemos decir que son dos objetos iguales, pero no idénticos. Dos objetos diferentes, siempre difieren en su identidad. No es los mismo ser iguales que ser idénticos. Ser idéntico, para la teoría de objetos, significa únicamente que nos referimos al mismo objeto.

Concluimos entonces, que los objetos que consideramos similares, pertenecen a la misma "clase", en consecuencia, ya estamos en condiciones de proponer una definición:

Una clase es la especificación genérica de un número arbitrario de objetos similares.

Al decir que es la "especificación genérica", estamos afirmando que la clase contiene todas las características que definen a los objetos creados a partir de ella. Decimos también que especifica un número arbitrario de objetos, porque es cualquiera la cantidad de objetos que necesito de esa clase dentro de un problema. Desde cero hasta un número enorme.

Ya sé que te estarás preguntando cómo puede existir una clase sin objetos. Bien, es muy simple. Si estamos modelando el sistema de registro de alumnos de una universidad nueva, existirá la clase alumnos, a partir de la cual podré crear los objetos "alumno", pero hasta que no llegue el primero y se inscriba, existirá esa clase y ningún objeto.

Existe la idea equivocada que sostiene que una clase es un conjunto de objetos similares. Si bien la idea es atractiva es absolutamente falsa. No es cierto, desde ningún punto de vista que una clase sea un conjunto de objetos. La clase es algo así como la "fábrica" de objetos. Si tenemos una fábrica de autos, no es más que un mecanismo que permite crear instancias del objeto "auto". De ninguna manera significa que la fábrica sea un conjunto de autos. Otro ejemplo que alguna vez leí y me resultó interesante es el de la producción de galletitas. Supongamos que vamos a hacer galletitas, preparamos la masa y la extendemos. Estamos listos para cortarla, en la forma que tendrán las galletitas. Para eso podemos usar esos cortadores de masa que tienen alguna forma. Generalmente son de algún metal, y pueden tener forma de corazoncito, conejito, o simplemente círculos. Ese elemento contiene la especificación genérica de la forma de un número arbitrario de galletitas, pero de ninguna manera podemos decir que es un conjunto de galletitas. Si así fuera, sería comestible, y claramente no lo es.

En este punto ya tenemos en claro qué es una clase, y qué cosa no lo es.

Ya estamos en condiciones de llamar a las cosas por su nombre. En el ejemplo de las cuentas bancarias, vimos el ejemplo de extracción de una suma de dinero, a través del envío de un mensaje. Ese mensaje era

A extraer X.

Ahora, utilizando la terminología correcta, podemos decir que el objeto A, que es de la clase "caja de ahorro", recibe el mensaje extraer, con el argumento X, que muy probablemente pertenecerá a alguna clase numérica.

Instancia

Por lo visto, una clase aparece entonces como una fábrica de objetos. Y eso es bastante acertado. En consecuencia, podemos preguntarnos ¿Cómo nacen los objetos?

La respuesta a esta pregunta es la instanciación.

Crear una instancia, o instanciar, es el proceso mediante el cual le enviamos un mensaje a una clase para que cree un nuevo objeto, a partir de sus especificaciones.

En consecuencia, objeto perteneciente a una clase, e instancia de una clase son sinónimos. Objeto e instancia son lo mismo.

Cada vez que necesite un objeto de una clase, debo instanciarla.

Poniendo todo junto: Objetos, clases y mensajes

Pongamos todo junto a través de un ejemplo simple.

Supongamos que dentro de un problema necesitamos rectángulos. Tenemos como datos su base y su altura, y necesitamos conocer su perímetro y superficie.

A primera vista, podemos inferir que los atributos del objeto triángulo son base y altura, y necesitamos los métodos perímetro y superficie para poder resolver el problema.

En principio, podemos decir que la clase que permite crear los rectángulos de nuestro problema podría quedar de la siguiente manera:

Rectángulo
base (real)
altura (real)
perímetro
superficie

El bloque superior define el nombre de la clase, el del medio sus atributos y el bloque inferior sus métodos. Podemos indicar, como se muestra, que esperamos que tanto el atributo "base" como el atributo "altura", pertenezcan a la clase de los números reales. Los métodos "perímetro" y "superficie" no tienen argumentos, porque no los necesitan.

El método "perímetro" podría escribirse más o menos así:

perímetro
^ (base+altura)*2.

¿Qué notación es esta? Es una notación basada en la sintaxis del lenguaje Smalltalk, que es uno de lo que mejor interpreta el paradigma de objetos. El símbolo ^ representa la acción de retornar un resultado, y lo que le sigue es una expresión aritmética conocida, que usa los atributos del objeto. Como el método se ejecuta dentro de una instancia determinada, estos atributos son accedidos desde el método sin ningún problema. Por último, el punto indica que el mensaje ha terminado. Si, escribí mensaje y no instrucción, porque todo método, al escribirse, resulta en una sucesión de mensajes.

Siguiendo el mismo razonamiento, el método superficie quedaría de la siguiente forma:

superficie
^ (base*altura).

¿Es esto correcto? En principio parece que sí, salvo por un detalle. Al ser los atributos de un objeto inaccesibles desde el exterior de él mismo, necesitamos métodos para asignarles valores. Podemos escribir un método para asignar un valor a cada atributo, o un método único, que llamaremos "construir", que le asigne valores a ambos. De este modo, la clase triángulo quedaría de la siguiente forma:

Rectángulo

base (real)
altura (real)

construir (b,a)
perímetro
superficie

Sólo quedaría definir el método nuevo "construir", que tiene dos argumentos que llamamos a y b. No necesitamos definir de qué clase son los argumentos.

construir (b,a)
  base:=b.
  altura:=a.

Si queremos conocer el perímetro y la superficie de un rectángulo de base 8 y altura 3, deberíamos crear una instancia, asignarles los valores a sus atributos y obtener los resultados, de la siguiente forma:

A:=Rectángulo New.
A construir (8,3).
A perímetro.
A superficie.

El primero es un mensaje enviado a la clase Rectángulo, indicando que queremos una nueva instancia, y el objeto A, recibe el método asignación con dicha instancia como argumento.
El segundo mensaje se lo enviamos al objeto A, que ya es un rectángulo nuevo. El mensaje es construir, con los argumentos 8 y 3 que se asignarán a base y altura respectivamente.
El tercer mensaje retornará el valor del perímetro, que en este caso es 22.
El cuarto mensaje retornará el valor de la superficie, que en este caso es 24.

Abstracción

El proceso de abstracción consiste en separar aquello que consideramos relevante, aislando conceptualmente aquello que no lo es. Claramente cuando pensamos en los objetos de un problema aplicamos un proceso de abstracción.

Al hablar de objetos, te propuse que intentaras enumerar todas tus características y todas las acciones que eres capaz de realizar. Obviamente es una tarea imposible de realizar. Sin embargo, si ahora te propongo que lo hagas sólo en un ámbito de todos los que desempeñas, seguramente podrías hacerlo.

De hecho, cuando pensamos en un alumno de la universidad, dentro del contexto del sistema universitario, son bastante acotadas las características y las acciones que resultan relevantes.

Eso es una abstracción. Separamos lo que es relevante de lo que no lo es.

Ese mismo alumno no deja de ser una persona que en otro ámbito tiene otras propiedades y realiza otras tareas, por ejemplo, como cliente de la compañía de teléfonos celulares. Allí no es relevante qué carrera cursa, o qué nota obtuvo en matemáticas, como tampoco es relevante para la universidad si el alumno tiene alguna deuda con la compañía de teléfonos celulares.

Una misma persona, múltiples realidades, múltiples abstracciones, múltiples objetos.

Cuando observamos un problema, debemos encontrar objetos. Observamos objetos, pero inmediatamente, una vez que los obtenemos, debemos clasificarlos, o sea, debemos diseñar las clases que sean capaces de crearlos. Ahí está el primer paso del proceso de abstracción.

Luego existe otro proceso de abstracción más, y podemos aplicarlo una vez que tengamos todas las clases del problema bien determinadas.

Aplicaremos el concepto de abstracción a las clases que sabemos que necesitamos.

Veamos esto con un ejemplo, para después ponerle nombre a las cosas.

Retomemos el ejemplo del banco que lo teníamos abandonado e incompleto. Ahí decíamos que contábamos con dos tipos de cuenta, caja de ahorro y cuenta corriente.

Podemos diseñar las clases que instancian estos objetos, por ejemplo, de la siguiente manera simplificada:

Caja de Ahorro

número de cuenta
titular (cliente)
saldo
movimientos (lista de operaciones)
tasaDeInterésAPagar

construir ( )
depositar ( )
extraer ( )
transferir ( )
consultarSaldo
consultarMovimientos
cerrarCuenta
calcularIntereses

En esta clase podemos ver que el titular es un cliente, que será otra clase que debamos modelar, pero no es relevante en este momento. También existirá una clase operaciones, que no modelaremos, pero sabemos que un atributo de la caja de ahorro es el conjunto o lista de operaciones que se hayan hecho a lo largo de la vida de la cuenta. Por otro lado, a modo de simplificación, los métodos con atributos se indicaron sólo con el uso de paréntesis.

Del mismo modo, podemos modelar la clase "Cuenta Corriente", más o menos así:

Cuenta Corriente

número de cuenta
titular (cliente)
saldo
movimientos (lista de operaciones)
tasaDeInterésACobrar
descubiertoAutorizado
chequesEmitidos (lista de cheques)

construir ( )
depositar ( )
extraer ( )
transferir ( )
pagarCheque ( )
consultarSaldo
consultarMovimientos
cerrarCuenta
calcularIntereses

Podemos ver que si bien son clases diferentes, tienen varios elementos en común, tanto si observamos los atributos como los métodos.

Aplicando un proceso más de abstracción, vamos a separar aquellas cosas que consideremos iguales o comunes, y crearemos una nueva clase Cuenta.

Cuenta

número de cuenta
titular (cliente)
saldo
movimientos (lista de operaciones)

depositar ( )
consultarSaldo
consultarMovimientos

Parece que ya está. Sin embargo te preguntarás por qué no están los métodos construir, extraer(), transferir(), cerrarCuenta y calcularIntereses. ¿Cuál será la respuesta? La idea era separar aquello que es común, que es igual en ambas clases. Estos métodos se llaman igual, pero no son iguales. Construir estas clases diferentes es sin duda un proceso que requiere cierto análisis, porque ambas clases de cuenta no tienen los mismos atributos. Extraer dinero no es igual en ambas clases, porque en la cuenta corriente el dinero disponible es la suma del saldo más el descubierto autorizado, y en la caja de ahorro se puede extraer solamente un monto que sea inferior o igual al saldo. Por otro lado, la caja de ahorros paga intereses y la cuenta corriente cobra intereses. Son métodos claramente diferentes, por lo tanto, no son elegibles en este proceso de abstracción.

Ahora el modelo de clases quedaría de la siguiente manera:

Cuenta

número de cuenta
titular (cliente)
saldo
movimientos (lista de operaciones)

depositar ( )
consultarSaldo
consultarMovimientos

Caja de Ahorro

tasaDeInterésAPagar

construir ( )
extraer ( )
transferir ( )
cerrarCuenta
calcularIntereses

Cuenta Corriente

tasaDeInterésACobrar
descubiertoAutorizado
chequesEmitidos (lista de cheques)

construir ( )
extraer ( )
transferir ( )
pagarCheque ( )
cerrarCuenta
calcularIntereses

Analizando el problema, observando la realidad, habíamos encontrado dos clases de cuentas, y ahora tenemos tres. ¿Qué pasó? ¿Es esto correcto?

La respuesta correcta sería: depende. Y depende de qué cosa hagamos con la nueva clase que acabamos de crear.

Ahora estamos en condiciones de volver a aplicar el concepto de abstracción. Al crear la clase "Cuenta" le pusimos un filtro a "Caja de Ahorro" y "Cuenta corriente", de modo de poder modelar aquello que es común a ambas, creando una clase interesante, pero incompleta en algún sentido.

Lo interesante es que, si hiciéramos la unión entre cada una de las dos clases resultantes con la clase "Cuenta", obtendríamos las clases originales. Y es que esta unión se da, en la teoría de objetos, a través del mecanismo de herencia.

Para poder observar este mecanismo, podemos dibujar las tres clases obtenidas con una distribución jerárquica.

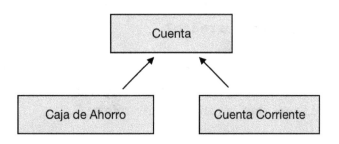

Vemos que la clase Cuenta se encuentra por encima de Caja de Ahorro y Cuenta Corriente. Ese hecho provoca que las clases inferiores "hereden" los atributos y los métodos de la clase superior. ¿Cuáles? ¡Todos!

La clase Cuenta recibe el calificativo de Super-clase para las otras dos. Al contrario, Caja de Ahorro y Cuenta corriente son Sub-Clases de la clase Cuenta.

Lo que ocurrió, fue que aplicando un proceso de abstracción creamos una clase que antes no existía, justamente porque no es parte de la realidad que queremos modelar. Por ese hecho recibe el nombre de Clase Abstracta.

En medio de este relato, aparecieron dos nuevos conceptos que merecen ser definidos: Herencia y Clase Abstracta. Es por ello que les dedicaremos algunos párrafos para que queden perfectamente claros.

Herencia

Mediante la herencia podemos crear nuevas clases a partir de otra, conteniendo todas las definiciones que ésta tiene, pudiendo agregar o redefinir algunas de ellas.

"La herencia es el mecanismo mediante el cual se crea una clase como un super-conjunto de otra".

Visto de esta forma, la clase Caja de Ahorro, contiene todas las definiciones de Cuenta (sus atributos y sus métodos), y agrega otros. Por lo tanto, es un super-conjunto.

Puede suceder que en una sub-clase necesite redefinir algún método. En ese caso, sólo debo crearlo con el mismo nombre que tiene en la super-clase, y el contenido modificado de acuerdo a las necesidades.

Para dar un ejemplo de esta última idea, supongamos que tenemos N clases que tienen varios elementos en común, entonces creamos una clase abstracta, o super clase de estas N, que contiene todas estas características que son comunes. Ahora supongamos también, que en sólo una de estas N existe un método que se implementa de una manera diferente. En ese caso, y por más que esté definido en la super-clase, vuelvo a definirlo con el mismo nombre en la sub-clase donde este método es diferente, y éste será el que actuará para sus instancias.

En el caso de las cuentas bancarias el método "depositar" es idéntico en ambas, por lo tanto, hemos decidido definirlo en la super-clase "Cuenta". Ahora supongamos que creamos una nueva clase de cuenta. Al banco se le ocurrió crear una cuenta que duplique el monto de los depósitos (es una suposición, eso nunca sucederá). Entonces existe una diferencia entre depositar en esa nueva clase de cuenta, en consecuencia, agrego a la sub-clase recién creada un método "depositar", que incluya esta característica especial, redefiniendo entonces el método de la super-clase, sólo para esta nueva clase.

La ventaja fundamental del mecanismo de herencia es que permite reutilizar el código escrito. Si varias clases comparten funcionalidades, sólo debemos implementarlas una vez en la super-clase, ahorrándonos el escribir y mantener código duplicado, triplicado o multiplicado.

Clase Abstracta

Quedó claro que la clase abstracta "Cuenta", surgió como una decisión de diseño que permite aprovechar el mecanismo de herencia.

Justamente la llamamos "abstracta" porque resulta de un proceso intelectual de abstracción aplicado sobre las clases definidas, y no de la percepción de objetos reales. Existen en un nivel de abstracción superior.

Aclaremos esto con un ejemplo. Supongamos que llego al banco, me siento frente al empleado que corresponda y le digo "buenos días, vengo a abrir una nueva cuenta". ¿Qué me dirá el empleado? Seguramente me preguntará "¿usted desea abrir una caja de ahorro o una cuenta corriente?". ¿Qué sucedió? Simplemente yo fui con un pedido que estaba fuera de su realidad, posicionándome en un nivel de abstracción más alto. El empleado necesitaba más precisiones para poder relacionar mis pretensiones con los objetos que él conoce. Entonces me "baja" a su nivel de abstracción, donde existen los objetos reales que él conoce, ofreciéndome la posibilidad de crear un objeto que el banco realmente maneja.

Llevemos la abstracción a otro nivel. Pensemos en la naturaleza, y en los procesos de abstracción. Supongamos que María y Juan tienen una mascota cada uno. María tiene un perro y Juan tiene un gato. El perro es un caniche que se llama X, y el gato es un siamés que se llama Y. Ambos son objetos observables de la realidad. Ahora podemos echar a andar nuestro cerebro creativo, y pensar que X es un perro, y tiene cosas en común con otros, por lo tanto, podemos imaginar una clase Perro. También podemos observar que Y es un gato, y tiene cosas en común con otros, por lo tanto podemos imaginar una clase Gato. Observamos que existen otros animales que comparten algunas cosas en común con Perro, como por ejemplo los lobos, y decidimos crear una clase Cánido. También vemos cosas en común entre Gato y otros animales como tigres y leopardos, y decidimos crear una clase Felino. Éstas con clases abstractas, porque surgen de nuestro propio proceso de abstracción, y no existen en la realidad. Vamos más allá. Los Cánidos con los Felinos tienen en común cosas con los Camélidos y con otras especies, formando la super-clase Vertebrado, que junto con los Invertebrados pueden formar la super-clase Animal. A su vez, entre la clase Animal y otras, como la derivada de las plantas, podemos crear una super-clase superior que se llame Seres Vivos.

Dentro de esta gran jerarquía, unas son sub-clases de otras y a su vez super-clase de algunas. En consecuencia, estos términos son relativos a la ubicación que tengan.

Ahora bien, si queremos instanciar un caballo, un perro, un gato o un canario, no tenemos problemas. Podemos imaginar eso. Ahora si subimos en el nivel de abstracción todo se puede complicar. Intentemos instanciar la clase Felino. Pero no se trata de un gato o un tigre, sino de un felino en general. Tal cosa no existe. Mucho menos si queremos instanciar un vertebrado. Faltan detalles, el nivel de abstracción es muy alto para poder imaginar sus instancias. Por lo tanto, en la mayoría de los casos, no tiene sentido instanciar las clases abstractas, simplemente porque no crean ningún objeto que se encuentre dentro de la realidad que estamos modelando.

Si continuamos escalando la pirámide de la abstracción, en el último nivel, en lo más alto, vamos a encontrar la clase más abstracta de todas, de la cual derivan todas las demás. Esa será la clase "Objeto".

Esto quiere decir que todas las clases que nosotros creamos para modelar la realidad de un problema dado, caerán dentro de una jerarquía de clases. En el caso más común, las clases que obtengamos dependerán de la clase "Objeto".

Por ejemplo, en el lenguaje Smalltalk dicha clase se llama Object, y tiene entre otras subclases Magnitude, de donde dependen, por ejemplo, todos los números de distintas clases.

Jerarquía de clases

Siendo intencionalmente reiterativo una vez más, podemos concluir entonces que todas las clases forman parte de una gran estructura jerárquica, que se sirven del mecanismo de herencia para reutilizar todo lo definido en las clases que están jerárquicamente por encima de ellas.

La estructura jerárquica ayuda a ordenar tanto las clases existentes, como las nuevas clases que necesitemos crear. Te invito a pensar que sucedería si esta estructura no existiera.

El aprovechamiento del código escrito no tiene solamente que ver con la herencia, sino que, con el tiempo, es muy probable que hayamos creado clases que en algún momento nos sirvieron para resolver un problema, y más adelante nos servirán para resolver otros. La jerarquía de clases va creciendo, se va enriqueciendo con todo lo que vayamos creando. Es como si fuera aprendiendo de alguna manera, y con los años contaremos con una biblioteca de clases enriquecida con todo nuestro trabajo, y en forma colaborativa, con el trabajo de los demás que deseen compartir, pudiendo acceder a una biblioteca de clases universal que resuelven problemas clásicos.

¿Cómo se ejecuta un método?

Cuando un objeto recibe un mensaje, busca un método con ese nombre dentro de su clase. Si no lo encuentra lo busca en su super-clase, y así sucesivamente hasta que lo encuentra. En ese caso lo ejecuta. En caso contrario, podría dar un aviso de error indicando que dicho objeto no puede responder a tal mensaje.

Ahora podemos comprender por qué un método puede ser redefinido. Unas páginas atrás vimos el ejemplo de un método que existía en una clase y en su super-clase. ¿Cuál se ejecutará al recibir un mensaje? Claramente la búsqueda se realiza de abajo hacia arriba dentro de la jerarquía de clases, por lo tanto siempre se ejecutará el primero que se encuentre, siguiendo ese orden de búsqueda.

Polimorfismo

En muchas ocasiones, objetos de diferentes clases necesitarán responder al mismo mensaje.

Supongamos que en el reino animal todos pueden comprender el mensaje "tomar agua". De alguna manera todos lo hacen, pero podemos diferenciar el procedimiento que cada uno de ellos sigue. Por lo general nosotros lo hacemos usando un vaso. Un perro usará su lengua, algo parecido a lo que hará un gato, ya que ambos pueden hacer que su lengua se parezca a una cuchara. Una vaca, sin embargo, no puede hacer eso y lo hace dando sorbos. Un elefante usa su trompa. El mensaje podría ser el siguiente:

X tomarAgua.

Siendo X cualquier animal. El mensaje es el mismo, pero el método que cada uno usa es diferente y depende de la clase a la que pertenezca X.

Analicemos la expresión siguiente:

A + B.

La mayoría de nosotros pensaría que ahí existen dos variables numéricas que se suman. Algo muy simple. ¿Dónde está el polimorfismo? Justamente en las clases a las que pertenezcan A y B. Para ser estrictos con la teoría de objetos, allí no hay una expresión aritmética, hay un mensaje. Debería leerse de la siguiente forma: El objeto A recibe el mensaje + con el argumento B. Si A y B resultan ser números, está todo muy claro. Sucede que esa expresión, o mensaje, que puede estar dentro de un programa, al momento de escribirlo desconoce la clase a la que pertenecerán los objetos e intentará responder a ese mensaje de todas formas cuando le llegue el momento. Si A y B fueran números enteros, los sumará, si fueran matrices y existe la clase matrices definida con dicha operación, también lo hará. Si fueran cadenas de caracteres quizás concatene el contenido de A y el de B, si fueran conejos y tuvieran implementado el método + pues los sumará tal como haya sido definido.

Podemos definir al polimorfismo de la siguiente manera:

El polimorfismo es la capacidad que tienen dos o más objetos de diferentes clases, de responder en forma adecuada al mismo mensaje.

Sin dudas el polimorfismo facilita la programación. Usando ejemplos anteriores, puede ser que dentro del programa que ejecuta un cajero automático aparezca el siguiente mensaje:

X extraer Y.

A la cuenta X le llega el mensaje "extraer" con el argumento Y. Ya sea que X es una caja de ahorros o una cuenta corriente, el mensaje se responderá mediante la ejecución del método que corresponda. Entonces escribimos el mensaje una sola vez y funciona siempre. Aun cuando agreguemos una nueva clase de cuenta, no tendremos que modificar esta expresión, porque seguramente existirá una forma de responder en forma adecuada a dicho mensaje.

Si estuviéramos frente a un lenguaje convencional, deberíamos llenar el código de "if", preguntando qué tipo de cuenta es para ejecutar el procedimiento adecuado. Aquí eso no sucede.

Enlace dinámico

El enlace dinámico o "dynamic binding", se refiere a la capacidad de ciertos lenguajes de programación, de definir el tipo de datos de sus variables en tiempo de ejecución.

Nótese que fueron empleados los términos "variables" y "tipos de datos", o sea que es una característica de algunos lenguajes de programación, independientemente del paradigma al que adhieran.

Si acomodamos la frase al paradigma de objetos, deberíamos decir que el enlace dinámico se refiere a la capacidad de todo lenguaje orientado a objetos de establecer la clase de los objetos que actúen como variables en tiempo de ejecución.

Es básicamente lo mismo, sólo cambia la terminología, sólo que si hablamos de lenguajes orientados a objetos, todos sin excepción deben poseer enlace dinámico.

¿Por qué es esto así? Existe una relación entre el polimorfismo y el enlace dinámico. Si bien pueden existir ambas características en forma independiente, el polimorfismo cobra verdadero sentido debido a la existencia del enlace dinámico. En un lenguaje fuertemente tipado, la expresión C:=A+B siempre va a significar lo mismo, ya que las variables A, B y C ya tienen asignado un tipo de datos en tiempo de ejecución, por lo tanto siempre se ejecutarán de la misma forma.

En cambio, en un lenguaje orientado a objetos, la misma expresión C:=A+B tendrá comportamientos diferentes, según sean las clases de los objetos A, B y C. Y esto sólo puede suceder gracias al enlace dinámico, que hace que al momento de la ejecución puedan variar las clases de los objetos según lo que haya sucedido antes.

Apoyándonos en un ejemplo ya conocido, si estamos en un cajero automático y deseamos extraer X pesos, introducimos la tarjeta, seleccionamos de qué cuenta queremos hacer la extracción, y después posiblemente se ejecute el mensaje C extraer X. Dependiendo de la clase elegida para C, se ejecutará el método que corresponda, aplicando el polimorfismo.

En resumen, lo que debemos esperar de un lenguaje orientado a objetos, es que las variables que deba usar, que en definitiva son objetos, puedan adoptar cualquier clase dentro de la ejecución del programa, por lo tanto, no se puede determinar su clase de forma permanente.

Un universo de objetos

Si decimos que estamos rodeados de objetos no nos equivocaremos. En el paradigma de objetos, todos son objetos que contienen otros objetos, hasta un nivel razonable. Por ejemplo, podemos pensar en una persona, que es un objeto que tiene, por ejemplo, un domicilio. Ese domicilio es un objeto, que posee otros atributos tales como país, provincia, ciudad, barrio, calle, número, piso, departamento. Calle puede también ser un objeto que tiene nombre, orientación, y para un GPS puede tener una sucesión de puntos que determinen su trazado en el plano a través de coordenadas geográficas.

Incluso en un lenguaje orientado a objetos, las conocidas estructuras de control, como las decisiones y los ciclos, no son más que objetos que deciden e iteran. Ya veremos ejemplos de esto más adelante.

Todo se traduce a un universo de objetos y mensajes.

Cómo resolver problemas pensando en objetos

Por lo visto hasta el momento, involucrarnos dentro de este paradigma nos obliga a pensar de una manera diferente. Mucho más si venimos de programar en otros paradigmas.

Al ponernos frente a este paradigma nos vemos obligados a pensar en objetos. Cuando nos enfrentamos a un nuevo problema debemos visualizar los objetos que allí participan, interactuando y colaborando entre ellos, a través de las formas de comunicación que ya conocemos, o sea, a través del envío de mensajes entre ellos.

Supongamos que disponemos de una narrativa que describe un problema que debemos resolver. Sin pretender desarrollar una metodología formal, voy a proponer una especie de análisis gramatical de la narrativa que puede ayudarnos a identificar dichos objetos.

Primero podemos identificar los sustantivos. Cada uno que encontremos es un candidato a transformarse en un objeto. Por otro lado, identificaremos adjetivos, que describen cualidades de los objetos, y verbos, que indican acciones de deben ejecutarse.

En una oración normal encontramos un sujeto y un predicado. Es muy probable que el sujeto sea un objeto y el predicado un método.

Veamos un ejemplo simple:

El perro ladra.

Está claro que el objeto es el perro y la acción de ladrar no es más que un método que se ejecutará al recibir el mensaje adecuado.

Veamos un ejemplo un poco más complejo.

El cliente extrae $100 de su caja de ahorros.

Ahí encontramos los objetos "cliente" y "caja de ahorros". En este caso, la caja de ahorros en la oración actúa como objeto directo. Entonces, pensando como lo indica el paradigma de objetos, el objeto "cliente" le envía el mensaje "extraer $100" al objeto "caja de ahorros". Entonces, de este modo el método está implementado dentro de este último objeto, siendo "cliente" el objeto que envía el mensaje, teniendo a la vista la comunicación colaborativa que existe entre los objetos del problema.

Los adjetivos serán entonces casi siempre atributos de algunos objetos.

El resultado de identificar los objetos será el de diseñar las clases que sean capaces de instanciarlos. Aquí puede ocurrir que algunos objetos sean también atributos de otros. Esto es normal y muy frecuente. Por ejemplo, en la frase "todo cliente debe informar su domicilio", identificamos dos objetos: "cliente" y "domicilio". Domicilio es en sí un objeto, y es un objeto compuesto como ya vimos anteriormente. Sin embargo, es también un atributo del objeto "cliente".

Para ilustrar estas ideas, veremos algunos ejemplos que nos permitirán ver de qué manera podemos resolver problemas pensando en objetos. A medida que vayamos adentrándonos en la solución de los problemas, aparecerán nuevas clases de objetos interesantes, y diferentes formas de tratar con ellos a través de sus métodos. Si fuera necesario escribir alguna porción de métodos o programas, seguiré usando un pseudocódigo genérico, pero muy parecido al lenguaje Smalltalk.

El árbol genealógico

Un árbol genealógico es una representación de un conjunto de personas relacionadas a través de vínculos de ascendencia y descendencia.

Dentro de un árbol genealógico, y tomando como referencia una persona en particular, podremos ver quiénes son sus padres, sus tíos, abuelos, hijos, sobrinos, primos, y un largo etcétera, si el árbol es frondoso y completo.

Pensemos cuántas clases necesitamos para representar los objetos que encontramos dentro de un árbol genealógico. ¿Será que necesitamos clases diferentes para cada parentesco? No creo, ya que los parentescos son relativos a la persona que tome como referencia. La persona X puede tener como padre a Y, pero para Y la persona X es su hijo. Z, el padre de Y será el abuelo de X. Es padre y abuelo a la vez, y posiblemente también sea hijo de alguien. Así que no existen las clases de parentescos.

Pensándolo bien solamente existen personas.

Ahora bien, ¿qué atributos tienen esas personas?

Básicamente una persona tendrá sus datos que la identifiquen. En un árbol genealógico no hace falta demasiada información. Simplemente el nombre, la fecha de nacimiento, el lugar quizás, y no mucho más. La información más importante para que el árbol pueda construirse es, para cada persona, quiénes son sus padres.

Entonces tendremos una clase persona, con dos atributos esenciales, que llamaremos "padre" y "madre".

Ahora bien, ¿de qué clase serán estos atributos? ¿qué información es relevante de los padres para construir el árbol genealógico? Podríamos pensar que con el nombre alcanza, pero sería ambiguo e incompleto. Ambiguo porque quizás varias personas tengan el mismo nombre.

La mejor forma de identificar los objetos "padre" y "madre" resulta ser que dichos atributos sean de la clase "Persona".

De alguna manera construiremos una clase recursiva, ya que dos de sus atributos son de la misma clase que estamos construyendo.

Esto es posible básicamente porque en la mayoría de los lenguajes orientados a objetos, los atributos o las variables son en realidad punteros a objetos.

De este modo, la clase hasta ahora quedaría de esta forma:

Persona

nombre
fechaNacimiento
lugarNacimiento
padre (Persona)
madre (Persona)

construir()
...otros métodos

Dentro del método construir, más allá de determinar los valores para nombre, fechaNacimiento y lugarNacimiento, los objetos que se asignarán a padre y madre ya deberán existir, preferentemente.

Es obvio que la primera persona que instanciemos no tendrá estos atributos, ya que no tenemos otras personas en el árbol genealógico. Sería imposible hacer que un árbol genealógico sea completo, ya que tendría que contener a toda la humanidad desde sus orígenes, y aun así, si semejante cosa fuera posible, tendríamos al menos dos personas sin sus padres definidos. En consecuencia, aceptaremos que algunas personas no tendrán definidos a sus padres, pero obviaremos sus consecuencias a fin de procurar simplificar el problema.

Construyamos algunos métodos sencillos. Por ejemplo, básicamente necesitamos un método para preguntarle el nombre a una persona.

El mensaje podría ser el siguiente:

X verNombre.

Y la implementación en pseudocódigo será algo así:

verNombre
^ nombre.

Como es X el objeto que recibe el objeto, y el método se ejecuta dentro de él mismo, tenemos acceso a sus atributos, entonces mediante el operador ^ mostramos el nombre.

También necesitaremos métodos para, dado un objeto "Persona", dar a conocer quién es su padre y quién es su madre.

Los mensajes podrían ser:

X verPadre.
X verMadre.

Y su implementación:

verPadre
^ padre.

verMadre
^ madre.

Ahora, si queremos preguntarle a una persona cuál es su nombre, podré hacerlo así:

X verNombre.

Y si quisiera preguntarle cómo se llama su madre:

X verMadre verNombre.

Esto es así porque el mensaje lo ejecutaremos de izquierda a derecha. Primero el objeto X recibe el mensaje verMadre, el resultado es un objeto de la clase "Persona" que resulta ser la madre de X. A este resultado parcial le enviamos a continuación el mensaje verNombre, por lo tanto, veremos el atributo "nombre" del objeto "madre" de X.

Comencemos a crear métodos interesantes. Supongamos que queremos determinar si dos personas son hermanos, y para ello definiremos que eso ocurre si tienen la misma madre o el mismo padre.

Para resolver esta consulta, necesitamos dos objetos, dos personas. Una recibe un mensaje con otra persona como argumento, y esto podemos representarlo así:

X esHermanoDe: Y.

Claramente el objeto X recibe el mensaje esHermanoDe, con el argumento Y. Tanto X como Y deben ser objetos ya creados y de la clase "Persona".

Intentemos escribir el método esHermanoDe. El resultado deberá ser simplemente un verdadero o falso, por lo tanto, mostraremos el resultado de una expresión lógica.

esHermanoDe: a
^ (padre == a verPadre) ó (madre == a verMadre).

Primero notemos que, si bien el pseudocódigo se parece a smalltalk, no lo es en un sentido estricto.

El operador == significará "idéntico", o sea que nos referimos al mismo objeto. No es equivalente al operador = ya que quedó establecido que la igualdad no es lo mismo que la identidad.

En consecuencia, evaluando la expresión lógica, si el padre del objeto que recibe el mensaje es el mismo que el del argumento, o la madre del objeto que recibe el objeto es la misma que la del argumento, entonces ambos son hermanos.

Parece estar todo bien, salvo que puede ocurrir lo siguiente:

X esHermanoDe: X.

Este mensaje nos daría un resultado verdadero, que nos puede llevar a discusiones filosóficas. Deberíamos preguntarnos ¿yo soy mi propio hermano? Claramente la respuesta debería ser "falso". Sin embargo, el método propuesto no lo resuelve correctamente. Vamos a corregir ese error:

```
esHermanoDe: a
^ ((padre == a verPadre) ó (madre == a verMadre)) y (self <> a).
```

Ahora está resuelto. Claro, sólo si entendemos que hace ahí la palabra "self". El objeto "self" se refiere al que recibe el mensaje. En consecuencia, en esa parte de la proposición se evalúa si el objeto argumento, es diferente al objeto que recibe el mensaje, resolviendo de esta forma el error del método anterior.

Teniendo ya un método para identificar a los hermanos, sería sencillo construir un método para tíos. X será tío de alguien, si es hermano de su padre o de su madre, pudiendo reutilizar el método esHermanoDe.

Llamemos al método esTioDe, quedando el mensaje de la siguiente manera:

X esTioDe: Y.

Y su método correspondiente será:

esTioDe a
^ (self esHermanoDe: a verPadre) ó (self esHermanoDe: a verMadre).

Ahora, saber si X es sobrino de alguien es también mucho más fácil, ya que X es sobrino de Y si Y es tío de X.

El mensaje sería:

X esSobrinoDe: Y.

Y su método correspondiente:

esSobrinoDe: a
^ (a esTíoDe: self).

Fácilmente podrían agregarse métodos para primos, ya que X es primo de Y si algún padre de X es hermano de algún padre de Y, dejando este método para el lector.

La clase "Persona", hasta ahora quedaría más o menos así:

Persona
nombre
fechaNacimiento
lugarNacimiento
padre (Persona)
madre (Persona)
construir()
verPadre
verMadre
esHermanoDe ()
esTioDe ()
esSobrinoDe ()
esPrimoDe ()

Ahora bien, ¿cómo podríamos hacer para que, dado un árbol genealógico, podamos obtener de ahí, por ejemplo, quienes son tíos de X?

Para ello necesitaríamos un objeto "Familia" que contenga a todas las personas.

Necesitaríamos objetos que contengan otros objetos, y estos reciben el nombre de colecciones.

Colecciones de objetos

Existen varias formas de coleccionar objetos, que la mayoría de los lenguajes proveen. De todos modos, siempre es posible agregar nuevas clases a las existentes.

Una colección de objetos está compuesta por un grupo de objetos, que pueden ser de diferentes clases, que representan a un objeto relevante para el problema.

Puede sonar extraño que un conjunto de objetos heterogéneos forme un objeto, pero en realidad esto es muy frecuente. Si hacemos una analogía con la naturaleza y el universo podemos encontrar innumerables ejemplos. Dijimos que la teoría en la que se fundamenta el paradigma de objetos se basa en una forma natural de pensar. Si, tanto de pensar como de observar la realidad. Volviendo a los ejemplos, podemos decir que el sistema solar es un objeto, y a su vez es una "colección" de objetos. Tiene en su interior a los planetas, los satélites naturales, asteroides, varios de ellos, el sol, y cuanto objeto quisiéramos incluir en el ejemplo. Sin duda son objetos heterogéneos en el sentido que podemos dividirlos en diferentes clases, sin embargo, forman parte de un único objeto que es el sistema solar. Algo parecido sucede con un océano. Tiene agua, peces y plantas de diversas especies. Es un objeto que colecciona objetos de diferentes clases. También podemos verlo en construcciones hechas por el hombre, como por ejemplo una ciudad.

En el caso del árbol genealógico, necesitamos un objeto para contener a la familia, que está representada por un grupo de objetos, en este caso en particular, todos de la clase "Persona".

En un sentido amplio, una colección puede ser, por ejemplo, una cadena de caracteres, o "String". Un String está compuesto por una sucesión de objetos de la clase "Caracter". Estos objetos están ordenados, según la secuencia de caracteres que haya almacenado.

Es evidente la forma en que, para el paradigma orientado a objetos, no solamente todo es un objeto, sino que también cada uno está muy probablemente construido de otros objetos más pequeños.

Como quedó dicho al inicio de este libro, el objetivo es comprender los conceptos y los elementos que encontramos en el paradigma de objetos y, por lo tanto, en los lenguajes que lo adopten. Lo esencial es saber qué podrás encontrar para saber buscar específicamente lo que necesitas.

Arreglos de objetos

Existen otros tipos de colecciones un poco más complejas como por ejemplo los vectores, o "Array". Quizás ya hayas usado este tipo de estructuras de datos en otros lenguajes, no orientados a objetos.

Un array no es más que una colección ordenada de objetos identificados por un nombre y un índice. La particularidad de estos vectores es que cada objeto puede ser de una clase diferente.

En lenguajes estructurados, o fuertemente tipados, un array se construye con elementos de un determinado tipo. En el paradigma de objetos un array es, en realidad, una sucesión de punteros a objetos de cualquier clase.

Incluso un elemento de un array podría perfectamente ser otro array. Esto nos permitiría construir fácilmente matrices, o arrays de dos dimensiones. Una matriz, en definitiva, no es más que un vector de vectores del mismo tamaño.

Resulta interesante el carácter polimófico de los elementos del array. Tan interesante que hasta nos cuesta encontrar ejemplos prácticos en donde sean realmente útiles. Esta limitación se debe, fundamentalmente, a nuestra falta de entrenamiento inicial. Debemos aprender a pensar en objetos, y una vez que lo logremos, todo surgirá con mayor naturalidad.

Si pensamos en el ejemplo de las cuentas bancarias podríamos, por ejemplo, ubicar a todas en un array, ya sean cajas de ahorro o cuentas corrientes, y a fin de mes ejecutar el método "cobrarMantenimiento", que no agregamos pero que seguramente existe. Muy probablemente sean diferentes en ambas clases, ya sea por valores o por lo que fuera. Podríamos entonces recorrer todo el vector de cuentas, aplicando el mismo método a cada uno de sus objetos, independientemente de la clase a la que pertenezcan.

Por ejemplo, vamos a crear un vector llamado "ctas" que contenga dos objetos "a" y "b", siendo estos una caja de ahorros y una cuenta corriente respectivamente.

```
ctas := Array new: 2.
ctas at: 1 put: a.
ctas at: 2 put: b.
```

El primer mensaje instancia un array de tamaño 2 y se lo asigna al objeto "ctas". En el segundo mensaje el mensaje at:put: es enviado al objeto "ctas", provocando que la posición 1 del array apunte al objeto "a". En el tercer mensaje, se crea un puntero del elemento 2 del array hacia el objeto "b".

Ahora bien, llegamos hasta aquí porque necesitamos un objeto que pueda contener a todas las personas de un árbol genealógico. Bien podríamos crear un vector, y colocar una a una a cada persona dentro del vector, con lo cual podríamos crear a una clase "ArbolGenealógico", como un vector de personas.

Si bien esto suena razonable, hay algo que no termina de convencer. Cada persona tendría asociado un subíndice, que resulta absolutamente inútil, ya que en una familia es difícil encontrar un orden. Muchas veces usamos vectores porque "no queda más remedio". Veremos si este es el caso.

Afortunadamente existen otras formas de coleccionar objetos.

Diccionarios

Siguiendo con las colecciones ordenadas, existen los "Diccionarios", tanto en Smalltalk como en Python y otros lenguajes orientados a objetos. Es una clase similar a los vectores, donde el índice en lugar de ser un número es otro objeto cualquiera. Puede ser una palabra, o incluso un número como en el caso de los vectores, pero sin la restricción de ser estrictamente correlativo. Entonces podríamos construir un Diccionario de personas, identificadas por su número de documento.

Por ejemplo, podríamos tener el objeto "arbol", y la personas "a" y "b".

```
arbol := Dictionary new.
arbol at: 54656 put: a.
arbol at: 49384 put: b.
```

De ese modo se podrían agregar todas las personas que se desee, conociendo su número de documento. Al crear un Diccionario, a diferencia de un Array, no es necesario especificar el tamaño. Aunque estos detalles podrían variar de lenguaje en lenguaje. La dificultad que tendría un diccionario construido de este modo para representar una familia, es que debería conocer el número de documento de todos. Podría también usar el nombre de cada persona como índice, pero podrían existir personas con el mismo nombre, y eso haría imposible su uso.

Bolsas

Otra forma de coleccionar objetos es usando bolsas de objetos. Aquí entramos en las sub-clases de colecciones desordenadas.

Lógicamente, en una bolsa no se puede determinar ningún orden en los objetos, cualquier cantidad de objetos, de distintas clases pueden estar contenidos en una bolsa, incluso objetos repetidos.

¿Podemos tener una bolsa de cajas de ahorro y cuentas corrientes? Podemos. Siempre y cuando tengamos cuidado de no poner dos veces la misma cuenta.

¿Podemos tener una bolsa de personas pertenecientes a un árbol genealógico? Podemos. Siempre y cuando tengamos cuidado de no poner dos veces a la misma persona.

En este último caso parecería más razonable usar una bolsa en lugar de las otras colecciones ordenadas. Pero tenemos ese inconveniente de los objetos repetidos, que con algún cuidado lo podemos solucionar.

Sin embargo, podemos usar bolsas para otras aplicaciones, donde sí es posible repetir objetos, y el orden de los mismos es irrelevante.

```
t := 'Este es un pequeño programa que nos va a servir para probar la forma en que puedo contar la cantidad de veces que aparece una letra en un texto".
b := Bag new.
t do: [:c| (c isLetter) ifTrue: [b add: c asLowerCase]].
$a to: $z do: [:c| ^ (b occurrencesOf: c)].
```

Veamos mensaje por mensaje.

En el primer mensaje asignamos un texto al objeto t.

En el segundo mensaje creamos una bolsa nueva, que llamamos "b".

Luego, sucede algo interesante. Al enviarle el mensaje "do:" al objeto "b", el bloque que sigue encerrado entre corchetes se ejecutará para cada objeto que contenga "t". Cada carácter de "t" pasa a "c", "(c isLetter)" devuelve verdadero si es que el contenido de "c" es una letra, y si eso ocurre, se agrega su valor convertido a minúscula a la bolsa "b". Eso se hace con [b add: c asLowerCase].

Por último, para los caracteres desde la a hasta la z, se muestra la cantidad de veces que aparece cada uno en la bolsa "b".

Si bien se parece bastante a Smalltalk, me he tomado algunas licencias sintácticas para facilitar un poco la solución, sobre todo en la parte donde se muestra el resultado. La idea es la de poner en relieve la potencia que tiene el uso de colecciones, y sobre todo la del mensaje "do:". Éste es uno de los llamados "iteradores", que permiten realizar ciclos asociados a acciones para cada objeto dentro de una colección.

Existen otros iteradores, que veremos un poco más adelante.

Conjuntos

También podemos coleccionar objetos a través del uso de conjuntos.

Un conjunto es exactamente lo que conocemos con ese nombre, o sea, una colección de elementos (en este caso objetos), que no se encuentran ordenados bajo ningún criterio, y que no contiene elementos repetidos.

Sería algo así como una bolsa donde no existen los elementos repetidos.

Aparentemente sería la clase más apropiada para contener un árbol genealógico, ya que las personas no se encuentran ordenadas, simplemente están vinculadas a través de su parentesco, y no existen personas repetidas.

Supongamos que tenemos un objeto de la clase persona, que puede ser una variable que se llama "yo", que contiene mis datos como persona. También tenemos una colección, que será un conjunto, que contiene a mi árbol genealógico, que se llama "familia", y será de la clase "Set", o sea, un conjunto.

Digamos que quiero obtener de ahí un subconjunto de "familia" que sean mis primos. Podría resolverse más o menos así:

```
primos := Set new.
primos := familia select: [:p| yo esPrimoDe: p].
```

El primer mensaje define un objeto "primos" de la clase conjunto. A continuación, usando otro iterador llamado "select", que selecciona los elementos de familia, almacenados en "p", que cumplen con la condición de ser primos de "yo".

Del mismo modo, se pueden almacenar las cajas de ahorro y cuentas corrientes en un conjunto y seleccionar aquellas que cumplan con alguna condición, o hacer determinadas cosas con ellas, siendo objetos de diferentes clases, aprovechando las ventajas del polimorfismo.

Aquí vemos el poder de las colecciones de objetos heterogéneos y el polimorfismo.

Podríamos imaginar algo así:

```
animalesDelMundo do: [:a | a saltar.].
```

Cada animal, sea de la clase que fuera, se pondría a saltar a su manera, y "a", tomaría la clase del animal que le toque en cada iteración.

Estas son algunas de las fortalezas de un paradigma que, bien aplicado, incrementa la productividad enormemente.

Aplicando lo aprendido

Volvamos a poner todo junto usando algunos ejemplos. Vamos a plantear problemas, identificaremos objetos y modelaremos las clases que nos parezcan apropiadas para resolverlos.

Como en todos los casos, las soluciones a los problemas pueden ser variadas, así que aquí saldrán, espero, soluciones aceptables, aunque acepto que no serán las únicas posibles.

Ejemplo 1: Enteros de distintas bases

Supongamos que necesitamos operar con números enteros binarios, octales, y hexadecimales. Necesitamos operar con ellos realizando sumas, restas, producto y división entera.

Todas las operaciones, incluso la de asignarle a un objeto un valor, son diferentes.

Los objetos del problema están claramente determinados. Son números binarios, octales, y hexadecimales. Las operaciones también están definidas. En principio podemos pensar en las siguientes clases:

Binario
valor
:=
+
-
*
\
verValor

Las clases correspondientes a las otras bases se verían idénticas, solamente variarán en la implementación de los métodos.

Por ejemplo, el método de asignación al que llamamos ":=", deberá verificar que los dígitos ingresados sean válidos para la base 2 en el caso de un objeto binario, que sea válido para la base 8 en caso de un objeto octal, y que sea válido para la base 16.

Luego, deberá crearse un método apropiado para cada operación en cada base.

No resulta interesante ni útil crear una jerarquía de clases, ya que en este caso no hay mucho para heredar debido a que el algoritmo para operar en cada base es diferente. Quizás solamente el método verValor podría ser común a todas las clases.

Podemos modificar la clase "Binario" agregando dos métodos interesantes, quedando de la siguiente manera:

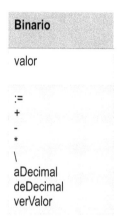

Binario

valor

:=
+
-
*
\
aDecimal
deDecimal
verValor

El método "aDecimal" convierte un número binario a decimal, y el método deDecimal realiza la operación inversa.

Se pueden agregar estos métodos para las clases "Octal" y "Hexadecimal", y ser aprovechadas a través del polimorfismo.

Con estos dos nuevos métodos, las operaciones aritméticas podrían cambiar notablemente, usando las existentes que todo lenguaje tiene para operar en base 10.

En consecuencia, un método de suma podría escribirse así:

+ x

^ deDecimal(valor aDecimal + x verValor aDecimal).

De esta manera, todas las operaciones aritméticas tendrían la misma expresión, por lo tanto podrían ser heredadas de una super-clase que podemos llamar "Numero".

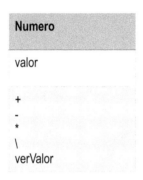

Numero

valor

+
-
*
\
verValor

Te invito a crear la jerarquía de clases resultante, a la implementación de algún método, y a que lo compartas conmigo al correo que se encuentra al final del libro.

Ejemplo 2: Ticket de supermercado

Veamos que objetos se encuentran dentro de un ticket de supermercado. No es la intención modelar todo el sistema de facturación, simplemente intentar identificar los objetos relevantes que componen un ticket.

Vamos a suponer que son ventas a consumidores finales, sin programas de fidelización que identifiquen al cliente. En ese caso, simplemente tendremos el detalle del ticket, con cantidad de artículos, descripción, quizás un código, un importe unitario y un subtotal. Al pié podremos encontrar el total a pagar y quizás el medio de pago usado, y eventualmente el vuelto.

Un renglón podría verse así:

    5 Arroz XYX $18,50 $92,50

Y el pié podría ser algo así:

        TOTAL: $189,45
        Efectivo: $100,00
        Tarjeta: $ 89,45
        Vuelto: $ 0,00

Claramente podemos imaginar que necesitaremos un objeto "ticket", que contendrá el detalle y el pié. Dentro del detalle se observan renglones, que contienen artículos, que tienen un precio, una cantidad, que es un atributo que depende también del renglón, y un importe, que depende del artículo y de la cantidad.

Una pregunta interesante aquí es ¿hace falta que el precio y el importe sean atributos del renglón? Bien podemos tomar el precio del artículo y calcularlo en el momento, pero esto tiene un inconveniente. Los precios varían con el tiempo, y el ticket tiene un valor inalterable, por lo tanto, es conveniente copiar los valores de estos atributos en el renglón del ticket. Como el ticket contiene varios renglones, el "cuerpo" del ticket estaría formado por una colección de renglones. ¿Qué colección elegimos? Creería que el orden es importante, por si necesitamos repetir la impresión del ticket por alguna razón. En consecuencia, el cuerpo podría estar representado por un array de renglones. Al final, el pié tendrá el total y una colección de medios de pago con sus importes, que deberán sumarse para calcular el vuelto.

Basta de palabras, y vamos a ver cómo quedarían las clases que necesitamos para crear estos objetos. Estas clases tendrán los atributos y métodos mínimos necesarios para emitir un ticket.

Artículo

código
descripción
precio
stock

construir()
verDescripción
verPrecio

Incluimos el atributo "stock", quizás como el único que no fuera mencionado en el problema, ya que cuando se vende un artículo es muy probable que deba descontarlo de la cantidad existente, y ya que modelamos la clase "Artículo", lo incorporamos.

Renglón

cantidad
descripción
precioUnitario
importe

construir(artículo, cantidad)
imprimir
mostrar

Podríamos no incluir el importe, que se calcula multiplicando "precioUnitario" por "cantidad". Sólo está ahí por una cuestión de claridad en la explicación, pero si fuera una implementación real, probablemente no estaría. Otra cosa que puede llamar la atención de esta clase, es que no hace referencia a qué ticket pertenece y en qué orden debería estar. Si fuera un modelo relacional clásico, deberíamos especificarlo, pero como son objetos, y estos tienen una identidad propia, están vinculados directamente a un array que está dentro del ticket, por lo que dichas referencias son innecesarias.

MedioDePago
código descripción
construir() verDescripción

Esta clase sirve para contener los diferentes medios de pago aceptados.

MedioDePagoDeUnTicket
medioDePago importe
construir() imprimir mostrar

Esta clase servirá para instanciar los distintos medios de pago usados dentro de un ticket.

Y por último, la clase más esperada!

Ticket

fecha
hora
detalle(array de Renglón)
pago(array de MedioDePagoDeUnTicket
total
vuelto

construir()
agregarRenglón
agregarMedioDePago
imprimirEncabezado
imprimirPie
mostrar

Para los atributos "total" y "vuelto" caben las mismas observaciones que hicimos para el atributo "importe" en la clase "Renglón". Si bien pueden calcularse, están por una cuestión de claridad, y quizás también por una cuestión de eficiencia.

Los métodos "mostrar" servirán para ver un ticket sin necesidad de imprimirlo, para una eventual consulta. De hecho, el ticket además de ser impreso a medida que se emite, se muestra en pantalla.

Ejemplo 3: El video club

Este problema es un viejo conocido para los que tenemos algunos años: Un video club.

Este video club en particular, resulta ser un local que se dedica al alquiler de películas a sus socios. Algunas películas pueden pueden estar repetidas en varios ejemplares, con el fin de satisfacer la demanda de los socios. El esquema de trabajo es muy simple: cada película se alquila por 48 horas a un precio fijo, a excepción de las consideradas como estrenos, que se alquilan por 24 horas, y por supuesto tienen un precio mayor. Cada socio puede tener en su poder un máximo de 5 películas, no pudiendo alquilar más, salvo que se trate de un socio vitalicio, que en cuyo caso el límite no existe. Si el socio no devuelve la película que alquiló dentro del plazo estipulado, se le cobrará una multa equivalente al doble del monto del alquiler por cada día de demora. Es necesario también, llevar un simple registro contable donde se anota el dinero que ingresa cada día, emitiendo al final una planilla donde conste el detalle de ingresos.

Bien, hasta aquí la descripción del problema. Puede que esté completa o le falten detalles, que podamos preguntar, o que debamos agregar con buen criterio. Hay que tener cuidado con el agregado de "detalles". En algunos casos he visto personas muy imaginativas que agregan todo tipo de elementos a un problema, que nada tenían que ver con la realidad.

Ya que éste no es un libro de resolución de problemas, y un problema puede tener múltiples soluciones, nos limitaremos a plantear la manera en que deberíamos observar la realidad, y de este modo esbozar una solución basada en objetos.

Intentemos identificar objetos. Haciendo un análisis más o menos gramatical, podemos obtener los siguientes objetos candidatos:

Video club, películas, socios, ejemplares, estrenos, socio vitalicio, registro contable, planilla de ingresos.

Existen otros elementos tales como precio del alquiler, período de alquiler, cantidad máxima de películas a alquilar, multa, días de demora.

También podríamos ver acciones como las de alquilar, devolver, emitir planilla de ingresos.

Estas acciones pueden disparar otras. Por ejemplo, no es difícil inferir que la devolución de una película podría generar un registro de ingreso de dinero, eventualmente el cobro de una multa, actualizar el número de películas alquiladas por el socio, y quizás otras cosas más.

Existe otro elemento, que es el alquiler en si, que podríamos discutir si se trata de un objeto candidato o no. Alquilar el un verbo, pero el alquiler en sí no lo es. Alquilar es una acción que genera datos importantes que deben registrarse, por lo tanto, es tanto, resulta en una acción que genera un objeto relevante.

Entre los objetos encontramos tanto a clientes como a clientes vitalicios. La pregunta es ¿son dos clases de objetos diferentes? Si y no serían respuestas correctas. O sea, depende. En principio podría considerarse que el ser vitalicio o no es un atributo, que tiene la única consecuencia de extender el límite de películas que el socio puede alquilar. O sea que bien podría ser un atributo del objeto "socio". Si pensamos que en el futuro podríamos hacer cosas diferentes con los socios vitalicios, podríamos ahora, en forma preventiva, y con un sentido semántico, pensar que son objetos diferentes. Algo parecido sucede con las películas ordinarias y los estrenos. Estos últimos se alquilan por un período diferente y tienen un precio de alquiler mayor.

Intentemos entonces, imaginar las clases necesarias para resolver el problema.

Socio: Existirá una clase socio que permita crear a los socios que alquilarán las películas y pagarán por ello.

Película: ¿Tenemos realmente películas? Podemos necesitar sus datos, pero en un sentido estricto no tenemos películas, y nadie las tiene. Cada película tiene un título, un género, algunos protagonistas. En general información sobre la película en sí. Quizás tenga una categoría ya sea un estreno o no.

Ejemplar: Debemos distinguir lo que es una película de lo que es una copia. La película es algo abstracto, se realizó en algún momento del tiempo, se registró de alguna manera con las cámaras, pero lo que nosotros tenemos son copias. Un ejemplar es la película físicamente. Cada unidad que es factible de ser entregada y devuelta. Entre sus atributos estará por supuesto de qué película se trata, su estado ya sea que esté disponible o alquilada, se la podrá dar de baja si se perdió, o se rompió, y hasta puede tener un historial de alquileres, que no será más que una colección de alquileres.

Alquiler: Un alquiler puede ser un objeto en sí mismo, ya que podemos imaginar que es un tipo de datos complejo. Contendrá una fecha del alquiler, una fecha en la que deberá devolverse, una fecha de devolución efectiva, contendrá al socio que realizó el alquiler, y el importe a pagar.

VideoClub: ¿Es en realidad el mismo video club un objeto? Es una pregunta razonable, aunque su respuesta es obvia. Así como el sistema solar o el océano son objetos, en este caso el video club será un objeto también. Es un objeto muy particular, ya que contiene a todos los objetos del problema y todo se desarrolla dentro de él mismo. Allí estarán todos los clientes, las películas, los ejemplares, los alquileres y todo otro objeto que pertenezca al dominio del problema. Entonces deberemos crear una clase, una instancia, y dentro de esa instancia comenzar a incorporar todos los objetos que necesitemos.

El conjunto de clases que resulten, las dejaré a criterio del lector, pero dejaré una serie de preguntas para invitar a reflexionar sobre algunos aspectos de este problema:

Un socio alquila una película. Aquí hay dos objetos, uno que envía un mensaje a otro.

¿Dónde se implementa la acción de generar un nuevo alquiler?

¿Hacen falta dos clases para distinguir los estrenos de las otras películas?

¿Hacen falta dos clases para distinguir las categorías de socios?

¿Hará falta una clase "¿Parámetros", con una sola instancia donde por ejemplo podamos registrar los precios de los alquileres, la cantidad de días que dura cada uno?

Relaciones entre clases

Existen varias formas en que se relacionan unas clases con otras, y dependen directamente del diseño que nosotros logremos, y de la forma en que se relacionan los objetos de sus instancias, que son los que en realidad existen en el problema.

La relación más clara que vimos hasta ahora es la de herencia. Dentro de este tipo de relación, clase se relaciona con otra por ser sub-clase o super-clase. Este tipo de relación es independiente de la vida que tengan los objetos dentro del problema. Es una construcción abstracta que realizamos a fin de lograr un diseño eficiente.

Existen otro tipo de relaciones, que "sin querer" aparecen en nuestros diseños, y que sí afectan a la vida de los objetos dentro del problema.

Como vimos desde el inicio, un objeto puede estar construido por otros objetos, y eso crea vínculos inevitables. Podemos decir que algunos objetos participan en la formación de otros, y también existen objetos cuya vida está estrechamente relacionada con la vida de otros. En el ejemplo del ticket podemos observar ambos casos.

Agregación

Existe una relación de agregación entre clases, cuando la existencia de un objeto contenido en otro, no depende de la existencia del primero.

Podemos ver que el ticket pude ser pagado de diferentes formas, y eso se refleja en el atributo "pago". Existe una relación entre "medioDePagoDeUnTicket" y "MedioDePago". Pero los medios de pago no dependen en absoluto de la existencia o no de un ticket, por lo que estos objetos participan de otro, pero no tienen comprometida su existencia.

Composición

Algo diferente sucede cuando dos clases se relacionan a través de su composición. Si una clase tiene una relación de composición con otra, la existencia de sus objetos depende de la existencia de otros. Por ejemplo, los medios de pago y los renglones son objetos necesarios para un ticket, pero si el ticket por alguna razón desaparece, también desaparecen sus medios de pago y sus renglones.

Conclusiones

A lo largo de estas páginas, he intentado hacer una visita guiada a través el paradigma orientado a objetos, intentando que haya resultado un paseo didáctico, tratando de no apartarme de las ideas originales que definieron esta forma de observar la realidad, y por lo tanto de resolver problemas.

El objetivo del paradigma de objetos es el de reducir al mínimo la distancia entre el problema, su interpretación y solución.

En los inicios de la programación, cuando los lenguajes eran sólo de muy bajo nivel, había un largo camino para recorrer desde el problema observado hasta el código de máquina, escrito en lenguaje assembler por ejemplo.

Aquí podemos ver un programa para multiplicar dos números, con un montón de restricciones:

```
ORG 100h
MOV AL, 200 ; AL = 0C8h
MOV BL, 4
MUL BL ; AX = 0320h (800)

RET
```

Eso está muy lejos de un A*B actual, que resulta mucho más cercano a nosotros.

Los paradigmas y los lenguajes tienen el objetivo de alejarnos de las máquinas y sus complejidades y acercarnos al pensamiento humano, con el objetivo de hacernos más productivos. Todo proceso de traducción, cualquiera sea, consume tiempo y energía. Cuanto más lejos se encuentre el idioma del mensajero al del receptor, más energía es necesaria.

De los paradigmas existentes, con aplicación práctica real, efectiva y eficiente, considero que el paradigma orientado a objetos es el que mejor consigue el objetivo de acortar las distancias entre los problemas y sus soluciones.

www.ingramcontent.com/pod-product-compliance
Lightning Source LLC
Chambersburg PA
CBHW060949050326
40689CB00012B/2604